Mosaik

ELISABETH FISCHERS
VEGETARISCHE KÜCHE

Gemüse

MOSAIK VERLAG

Bildnachweis:
Mosaik Verlag/Christof Piepenstock 13
alle anderen Fotos: Gerhard Poggenpohl

Der Mosaik Verlag ist ein Unternehmen
der Verlagsgruppe Bertelsmann

/5 4 3 2 1
Redaktionsleitung: Halina Heitz
Redaktion: Dr. Henriette Zeltner
Layout und DTP: Filmsatz Schröter
Umschlaggestaltung: Petra Dorkenwald
Umschlagfoto: Gerhard Poggenpohl
Reproduktionen: Artilitho, Trento
Druck und Bindung: Egedsa, Barcelona
Printed in Spain
ISBN 3-576-11105-0

INHALT

Reif schmeckt's am besten: Mit den Jahreszeiten kochen

Rund ums Jahr werden sämtliche Gemüse in den Einkaufstempeln angeboten. Die Jahreszeiten sind außer Kraft gesetzt, der Natur wird ein Schnippchen geschlagen. Tomatenpflänzchen dümpeln in Nährlösungen, die Tomaten werden rot und rund ohne einen Sonnenstrahl. Daneben schwimmen Paprikaschoten, gelb glänzend und prall aufgebläht. Einen kleinen Nachteil hat diese schöne, neue Gemüsewelt: Ihre Früchte schmecken ziemlich fad.

Im stressigen Durcheinander des Alltags läßt sich das Essen in schöner Harmonie mit den Jahreszeiten oft nicht verwirklichen. Man ist froh, wenn man nach Arbeitsschluß noch eine Aubergine im Supermarkt erwischt. Aber ab und zu – und weil's so gut schmeckt – immer öfter, sollten Sie sich das Gemüse aus Ihrer nächsten Umgebung gönnen, am besten aus biologischem Anbau. Denn im Frühsommer sind die Kohlrabi am zartesten, und das erste Weißkraut ist so mürbe, daß seine Garzeit gegen null geht. Pralle Kürbisse lachen im Herbst aus kugelrunden Gesichtern, und der Tomatensommer will genutzt sein. Riechen Sie an den Paradiesäpfeln; von der Sonne durchwärmt, gereift, duften Tomaten intensiv. Bei feinen, grünen Böhnchen muß man den richtigen Zeitpunkt erwischen: Jung sollen sie sein und knackig. Steinpilze und Pfifferlinge wollen im Sommer und Herbst, wenn schon nicht gesucht, dann auf jeden Fall gekauft sein.

Heitern Sie sich bei einem Marktspaziergang auf. Es gibt keine entspannendere Einstimmung aufs Wochen-

ende, als der Besuch eines Gemüsemarktes am Samstagvormittag. Selbstverständlich gehört das Frühstück im Marktkaffee dazu. Aber dann kommt die Inspiration, die Vorfreude auf das nächste Essen. Ein

Bund zuckersüßer Karotten, hauchdünne Erbsenschoten; kräftig, trotzdem kleinblättrig der Wurzelspinat. Am Spargel kann man nicht vorbeigehen, und der Kerbel ist ein Muß. Das Ergebnis dieses Einkaufs: Frühlingsgemüse mit Kerbelsauce (S. 27). Guten Appetit!

Rund ums Jahr …

beliefert uns Mutter Natur mit vitaminreichen, frischen Gemüsesorten:

Gemüsesorte	Jan.	Feb.	März	April	Mai	Juni	Juli	Aug.	Sept.	Okt.	Nov.	Dez.
Artischocke				■	■	■	■	■	■	■	■	
Aubergine							■	■	■	■	■	
Blumenkohl					■	■	■	■	■	■	■	
Bohnen, grüne					■	■	■	■	■	■		
Brokkoli					■	■	■	■	■	■	■	
Chicorée	■	■	■							■	■	■
Erbsen				■	■	■	■	■				
Fenchel					■	■	■	■	■	■	■	■
Grünkohl	■	■	■								■	■
Gurken					■	■	■	■	■	■		
Kohlrabi					■	■	■	■	■	■	■	
Mais							■	■	■	■		
Möhren	■	■	■	■	■	■	■	■	■	■	■	■
Paprika							■	■	■	■		
Porree				■	■	■	■	■	■	■	■	
Rosenkohl	■	■							■	■	■	■
Rotkohl	■	■	■				■	■	■	■	■	■
Sellerie	■	■	■	■					■	■	■	■
Spargel				■	■	■	■					
Spinat			■	■	■	■	■	■	■	■	■	■
Tomaten					■	■	■	■	■	■		
Weißkohl	■	■	■	■	■	■	■	■	■	■	■	■
Wirsing	■	■	■		■	■	■	■	■	■	■	■
Zucchini						■	■	■	■	■		

Gemüsekochen fängt beim Schneiden an

Das Öl ist heiß, Paprika, Karotten, Pilze und Zucchini landen irgendwie in der Pfanne, doch der Mißerfolg ist schon vorprogrammiert. Selbst ein Meisterkoch würde angesichts dieses Desasters nur hilflos mit den Schultern zucken. Was ist geschehen?

Die Frage ist reif fürs Fernsehquiz: Wann ist alle Kochkunst vergebens?

Die Antwort: Wenn das Gemüse nicht perfekt geschnitten ist. Wenn eine Karottenscheibe 2 cm dick und die andere 3 mm dünn ist, die festen Paprika größer geschnitten sind, als die weichen Zucchini. Folge dieser Unregelmäßigkeiten: Die dünne Karottenscheibe ist zu weich, die dicke noch steinhart, die Zucchini matschig, die Paprika knackig. Das Ergebnis, im Essen wird herumgestochert, man fischt sich gerade genießbare Stückchen heraus und Köchin oder Koch, total gefrustet, wirft den Kochlöffel weg. Dabei könnte alles so einfach sein!

Sorgfältig schneiden – das Geheimnis des perfekten Gemüsegerichts: Jedes Gemüse seiner Garzeit entsprechend in gleichmäßig kleine Stücke.

Jetzt taucht sofort die nächste Frage auf: Wie lang ist die Garzeit zum Beispiel für Karotten? Kommt auf das Gericht an, lautet die überhaupt nicht ironisch gemeinte Antwort. Für ein chinesisches Gemüsegericht, das in 8 Minuten fertig sein soll, werden die harten Karotten in 3 mm dünne Scheiben geschnitten. Die weichen Zucchini, die nur für

die letzten 4 Minuten in den Wok kommen, dürfen dagegen 5 mm dick sein. Das gleiche gilt, wenn Karotten und Zucchini bei schwacher Hitze in wenig Flüssigkeit gedünstet werden.

Steht hingegen ein Eintopf auf dem Programm, bei dem die Karotten länger schmoren, müssen die Stücke 1 cm dick sein. Wobei sehr große Karotten vorher längs durchgeschnitten werden. Die Champignons für diese herzhafte Speise mit der etwas längeren Kochzeit von ca. 15 Minuten sind je nach Größe halbiert oder geviertelt.

Das richtige Messer

Gemüse perfekt schneiden können Sie nur mit einem großen, scharfen Messer. Ein scharfes Messer fährt auf sanften Druck durch die härteste Selleriewurzel. Ein stumpfes Messer pressen Sie verzweifelt auf den zartesten Kohlrabi, es rutscht ab – direkt in den Finger. Mit einem stumpfen Messer gelingt es auch nicht, den Kohlrabi in gleichmäßig feine Scheibchen zu zerteilen, weshalb von vornherein feststeht: Das Kohlrabigemüse in Zitronencreme wird zwar ganz gut, aber leider nicht hervorragend.

Darum brauchen Sie – soll das Kochen Spaß machen und das Essen schmecken – ein gutes Messer. Hochqualitative Messer sind nicht billig, aber die Investition lohnt sich. Neben großen Messern aus hochwertigem Edelstahl sind japanische Gemüsemesser, die mit einem feinen Schleifstein rasierklingenscharf geschliffen werden, besonders empfehlenswert.

Ihr Messer haben Sie jahrzehntelang. Nach einer kurzen Gewöhnungsphase werden Sie es immer mitnehmen: Nach Italien in die Ferienwohnung, zu Tante Helene, für die Sie das Geburtstagsessen kochen, zu Maria, die von der Idee besessen ist, einen Vorrat von 20 kg grünen Bohnen einzufrieren und die immer noch nicht glauben will, daß man dazu das richtige Schneidewerkzeug benötigt…

Schonende und schnelle Garmethoden

Gemüse schmeckt am besten, wenn es nach minimaler Garzeit knackig frisch auf den Tisch kommt. So behält es seine Farbe, das zarte, unverwechselbare Aroma und – auch nicht zu verachten – die schützenden und aufbauenden Vitamine. Gemüsegerichte sind Schnellgerichte, denn Gemüse darf nicht verkochen, sein Idealzustand ist »weich mit Biß.«

Kochen über Wasserdampf

Gemüse aus dem Wasserdampf, eine Freude für Augen und Gaumen. Strahlend grün zeigen sich die Brokkoliröschen, leuchtend orange die Karottenscheiben. Dieser Taufrisch-Effekt tritt allerdings nur ein, wenn das Gemüse eine sehr kurze Garzeit hat (z. B. Brokkoliröschen und Karottenscheiben 8 Minuten). Wird zartes Gemüse länger dem heißen Dampf ausgesetzt, leiden die kräftigen Farben.

Gemüse pur kommt aus dem Dampf, mit reinem, unverfälschtem Geschmack. Deshalb wird die Sauce dazu auch extra gereicht: Eine milde, lachsrosa Paprikasauce zu Blumenkohl (S. 35) oder eine pikante Sesamsauce zu Zuckererbsen, Karotten und Rettich (S. 40).

Für das Garen über Wasserdampf brauchen Sie einen gelochten Siebeinsatz und einen Topf mit gut schließendem Deckel. Empfehlenswert, da preiswert und praktisch, sind Siebeinsätze aus Edelstahl, die sich fächerförmig ausbreiten und damit jeder Topfgröße anpassen. Auch die altbewährten Dampftöpfe gibt es jetzt wieder zu kaufen. Praktisch, da gleichzeitig verschiedene Gerichte gekocht werden können, sind mehrstöckige Dampftöpfe, die sie in asiatischen Geschäften finden. Wichtig:

Das kochende Wasser darf nicht mit dem Gemüse in Berührung kommen. Aus dem Dampf kommt aber nicht nur knackiges Gemüse. Von heißer, feuchter Luft umschmeichelt gelingt auch der käsewürzige Spinat-Pilz-Pudding in kleinen Portionsförmchen (S. 36) oder dekorative grüne Wirsingpäckchen mit einer nussigen Ricottafüllung (S. 39).

Dünsten

Gemüse wird kurz in wenig Fett angebraten, dann zugedeckt im eigenen Saft oder mit wenig Flüssigkeit bei milder Hitze sanft geköchelt. Damit diese Kochmethode, bei der sich die Sauce von selbst entwickelt, funktioniert, muß der Topf einen dicken Boden und einen gut schließenden Deckel haben. Besonders sämig wird die Sauce, wenn man zuerst Zwiebeln langsam goldgelb brät und, nachdem auch das Gemüse kurz angebraten wurde, wenig Brühe oder Sahne in den Topf gießt. Ein Schuß trockener Weißwein oder ein Teelöffelchen Zitronensaft muntern Saucen auf. Lauch mit Kapernsauce ist ein schmackhaftes Beispiel für diese Würzkombination (S. 21).

Unter Rühren braten – im Wok!

Der Wok, die tollste Erfindung seit es Kochtöpfe gibt. Der abgerundete Boden macht den ganzen Unterschied aus. Ihm verdanken Wokgerichte ihre fettarme Zubereitung und die extrem kurzen Garzeiten. Damit nach 8 Minuten ein Gemüsegericht auf dem Tisch steht, heißt es allerdings, eifrig rühren. Denn wird das Gemüse im Wok nicht ständig bewegt, brennt es leicht an. Entspannung tritt ein, sobald die Saucenflüssigkeit ans Gemüse gegossen ist. Zugedeckt köchelt es dann noch einige Minuten seiner Vollendung entgegen. Ob süßsauer, mit Tomaten, frischen Ananas, Honig und Currygewürzen, oder klassisch, mit Sojasauce, Ingwer und Sherry abgeschmeckt, Wokgerichte sorgen für Abwechslung auf dem Menüplan.

Richtig würzen

Durch gut dosierte Würzmittel verwandeln sich vertraute Gemüse in exotische Leckerbissen. Spinat, mit dem in Mitteleuropa Generationen von Kindern gequält wurden, kommt in einer Cremesauce mit Chili, Ingwer, Cumin, Muskat und Koriander plötzlich indisch daher. Die biedersten unter den eßbaren Pflanzen, Erbsen und Kartoffeln, geraten mit Kokosmilch, Chili, Currygewürzen und Zitronensaft zu einem karibischen Feuerwerk. Und Thymian, Basilikum, Oregano, Minze und Dill lassen den Süden in heimische Gemüsetöpfe einziehen.

Am intensivsten schmecken Gewürze frisch gemahlen oder im Mörser zerstoßen. Praktisch ist eine alte Hand-Kaffeemühle, mit der Sie mühelos Kreuzkümmel, Koriander, Piment, Kardamom und Pfeffer kleinkriegen.

Durch kurzes Anrösten entfalten Gewürze ihr volles Aroma, darum werden bei exotischen Gerichten die Gewürzmischungen immer zuerst angebraten, dann mit dem Gemüse vermischt und mit Flüssigkeit aufgegossen. Würzen erfordert keine besondere Mühe: Gewürze bewahren ihr Aroma in dunklen Gläsern, luftdicht verschlossen einige Monate. Einmal einkaufen gehen, und die Sache ist für lange Zeit erledigt. Tiefgekühlte Kräuter müssen nur aus der Packung geschüttelt werden, und wachsen Kräuter frisch im Blumentopf, macht die Schere einmal zapp!

Damit bringen Sie Abwechslung ans Essen:

Dill ①	Koriander ⑥
Petersilie ②	Kardamom ⑦
Basilikum ③	Piment ⑧
Rosmarin ④	Pfeffer ⑨
Cumin ⑤	Kokosmilch ⑩

Die kleine Gewürzliste

Mit den folgenden Würzmitteln sind Sie gerüstet für kulinarische Ausflüge rund um die Welt, für ein indisches Curry, ein chinesisches Wokgericht, für die Gaumenfreuden des Orients oder Leckerbissen aus der Mittelmeerküche.

Gewürze und getrocknete Kräuter

Basilikum	Chili	Dill
Kreuzkümmel (Cumin)	Kardamom	Koriander
	Kümmel	Liebstöckel
Lorbeer	Minze	Muskat
Nelken	Oregano	Paprika, edelsüß
Piment (Nelkenpfeffer)	Pfeffer	Safran
	Thymian	Zimt

Kräuter, frisch oder tiefgekühlt

Basilikum	Dill	Kerbel
Koriander	Minze	Oregano
Petersilie	Schnittlauch	Thymian

Würzmittel

Ingwer	geröstetes Sesamöl	Kapern
Knoblauch (sollte nie ausgehen)		Oliven
	Meerrettich	Senf
Kokosflocken (für Kokosmilch)	Sojasauce	Zitronen
	Weißwein	Sherry

Kokosmilch: Ein Grundrezept für viele köstliche Gemüsegerichte

Kokosmilch, ein wesentliches Element der asiatischen Küche, macht feurige Currysaucen von Thailand bis Indien cremig üppig. Limonen- oder Zitronenaroma im Verbund mit frischem Koriandergrün und Ingwer gibt Kokossaucen den besonderen Kick.

Kokosmilch

Schnell, einfach und problemlos

150 g Kokosflocken, ungesüßt
500 ml Wasser

Kokosflocken mit dem Wasser im offenen Topf zum Kochen bringen. Vorsicht, kocht leicht über! Sofort vom Feuer nehmen. Die Flüssigkeit im Mixer oder mit dem Mixstab fein pürieren. Kokosmilch durch ein feines Sieb gießen. Damit das ganze feine Kokosaroma in die Milch kommt, die Kokosflocken im Sieb mit der runden Seite eines Schöpflöffels gut ausdrücken.

Kokosmilch läßt sich auch aus konzentriertem Kokosmark herstellen, das mit Wasser vermischt wird. Das Kokosmark gibt es in asiatischen Lebensmittelgeschäften.

Alles Gemüse! Oder: Karotten beflügeln

Wahre Kochkunst beginnt mit einem (fast) leeren Kühlschrank. Ein mißtrauischer Blick ins Gemüsefach: 3 einsame Karotten, 1/2 Zucchini, 2 Frühlingszwiebeln und 4 Pilze. Falsch wäre es angesichts dieses Angebots resigniert aufzustöhnen, den Pizzadienst anzurufen und sich mit schlapprig-klebrigen Teigfladen zufrieden zu geben. Richtig: Das Messer gewetzt, das Gemüse gleichmäßig klein geschnitten und unter Rühren ein pikantes chinesisches Gericht gebraten.

Oder: Sonntagabend. Überraschend schneit, wie ein heftiger Wintersturm, lieber, aber zahlreicher Besuch ins Haus. Hunger? Aber selbstverständlich – und was für einen! Keine Panik. Zwei rote und eine gelbe Paprika, ein Paket tiefgekühlte Bohnen, 500 g Tomaten, die letzte Aubergine und eine gute Portion Kartoffeln retten Ihren Ruf als durch nichts zu erschütternde Gastgeberin. Bald köchelt ein griechischer Gemüsetopf auf dem Herd, und Sie widmen sich entspannt den Gästen und einem ausgezeichneten Rotwein, der freundlicherweise mitgebracht wurde.

Kraut und Rüben regen die Phantasie an, Spinat und Erbsen fördern den Einfallsreichtum, mit Spargel und Fenchel schwingen Sie sich zu ungeahnten Kreationen auf. Bei den köstlichsten Kompositionen hat oft der Zufall die Hand im Kochtopf.

Der Blick fällt vom dunkellila Rotkraut auf orangefarbene Mandarinen – eine kühne Farbzusammenstellung, die sich auch auf dem Teller sehen lassen kann. Schon entsteht das Rotkraut in Mandarinensauce (siehe S. 18). Und weil verschiedene Rottöne so anregend sind, kommen noch ein paar Löffel sattes Preiselbeerkompott in den Topf. Garniert wird das farbenfrohe Gericht mit halbier-

ten, glänzenden Mandarinenschnitzen und knusprig gerösteten Mandeln.

Im Alltag tickt beim Kochen meist die Stoppuhr. Darum – wen erstaunt's – entstanden aus Zeitmangel schon oft umwerfende Gerichte. Die paar Minuten, bis der Spinat im Topf zusammenfällt, lassen sich gerade noch erübrigen. Zum zarten Blattspinat gibt es eine rasch angerührte Sauce aus rohen Tomaten, samt würzigem Schafskäse und Oliven. Auch eine gewisse, durchaus legitime Faulheit macht erfinderisch. Keine Lust zum Abspülen? Gemüse wird in Alufolie oder Butterbrotpapier verpackt und im Ofen gebacken. Dazu die Sekundensauce: Joghurt verrührt mit tiefgefrorenen italienischen Kräutern.

Gemüse köstlich zubereiten erfordert weder exklusive, ausgefallene Zutaten, High-Tech-Küchenausstattung noch viel Zeit. Wichtige Voraussetzung ist muntere Kreativität, die auch originelle Zusammenstellungen und unkonventionelle Zubereitung wagt.

Zeitsparend und streßabbauend sind Gerichte aus dem Ofen. Denn bäckt das Gemüse erst einmal seiner Vollendung entgegen, haben Sie genügend Zeit, den Salat oder ein Dessert vorzubereiten. Aus dem Ofen kommen nicht nur Aufläufe mit der begehrten goldbraunen Knusperkruste, sondern auch bunte Gemüsespießchen mit einer cremigen, pikanten Erdnußsauce. Für diese Sauce pürieren Sie kurzerhand Erdnußmus mit Gemüsebrühe, gebratenen Zwiebeln, Sojasauce, Zitronensaft und -schale sowie Honig und Chili (S. 74). Auch Pilzpastetchen mit dekorativen Blätterteighäubchen (S. 64) sehen nach mehr Arbeit aus, als in ihnen steckt. Die kleinen Champignons werden ganz verarbeitet, der Teig ist tiefgekühlt.

Einfach in der Zubereitung, kühn in der Farbzusammenstellung und eine wahre Gaumenfreude: Rotkraut mit Mandarinensauce (S. 18).

Spinat mit Schafskäse und kalter Tomatensauce

Für 4 Personen

Tomatensauce:
3 Tomaten, sehr kleine Würfel
8 schwarze Oliven, Stücke
1/2 TL Basilikum
1/2 TL Oregano
Pfeffer
Salz

Spinat:
1 kg Spinat oder 600 g tiefgekühlter Blattspinat
2 EL Olivenöl
3 Knoblauchzehen, fein gehackt
3 Frühlingszwiebeln, feine Ringe
200 g Schafskäse, kleine Stücke
Salz
Pfeffer

Spinat ist ein zartes Pflänzchen; seine Garzeit ist darum sehr kurz. Mit tiefgekühltem Spinat ist dieses türkische Gericht im Handumdrehen fertig. Vor der Weiterverarbeitung den tiefgekühlten Spinat zugedeckt in einem Siebeinsatz über Wasserdampf in wenigen Minuten antauen und in mundgerechte Stücke schneiden.

1. Tomaten, Oliven, Basilikum und Oregano vermischen. Die Sauce mit Salz und Pfeffer abschmecken.

2. Den tropfnassen Spinat mit etwas Salz in einen großen Topf geben. Zugedeckt bei starker Hitze in 2 Minuten zusammenfallen und dann in einem Sieb abtropfen lassen. Spinat in mundgerechte Stücke schneiden.

3. Olivenöl in einer großen Pfanne erhitzen. Knoblauch darin unter Rühren kurz anbraten. Frühlingszwiebeln dazugeben, unter Rühren mitbraten. Spinat hinzufügen, 2 Minuten unter Rühren braten. Mit Salz und Pfeffer abschmecken. Schafskäse auf dem Spinat verteilen. Spinat zugedeckt bei schwacher Hitze 1 Minute dünsten, bis der Käse zu schmelzen beginnt. Spinat vom Herd nehmen, Tomatensauce darauf verteilen.

Rotkraut mit Mandarinensauce

Für 4 Personen

1 EL Butter
1 EL Öl
1 TL Ingwerwurzel, fein gehackt
1 rote Chilischote, fein gehackt
2 TL brauner Zucker
1 Prise Zimt
1 Prise Kardamom
700 g Rotkraut, fein gehobelt
1–2 EL Zitronensaft
Salz
100 ml Gemüsebrühe
abgeriebene Schale einer unbehandelten Zitrone
200 ml Mandarinensaft, frisch gepreßt
1 EL Speisestärke
3 EL Preiselbeermarmelade
2 Mandarinen, Schnitze, längs halbiert
3 EL geröstete Mandelsplitter

Süß-saure Früchtchen und Gewürze mit ausgeprägtem Aroma – damit verträgt sich kräftiges Rotkraut. Die Sauce für das feingeschnittene Kraut wird darum mit Zimt, Ingwer, Kardamom, Chili, frisch gepreßtem Mandarinensaft und Preiselbeeren abgerundet.

1. Butter und Öl in einem flachen Topf mit dickem Boden erhitzen, Ingwer und Chilischote darin kurz unter Rühren anbraten. Zucker, Zimt und Kardamom dazugeben, kurz unter Rühren mitrösten.

2. Kraut hinzufügen, alles gut vermischen, leicht salzen, 3 Minuten unter Rühren braten. Zitronensaft untermischen, salzen, zugedeckt 5 Minuten dünsten.

3. Mit Gemüsebrühe aufgießen, mit Zitronenschale würzen, 10 Minuten bei schwacher Hitze dünsten. Das Kraut soll weich sein, aber noch Biß haben. Mandarinensaft mit Speisestärke glattrühren.

4. Mandarinensaft und Preiselbeermarmelade unter das Kraut mischen. Die Sauce kurz aufkochen bis sie gebunden ist. Kraut vom Herd nehmen. In einer flachen Schüssel anrichten, mit Mandarinenschnitzen und Mandeln garnieren.

Lauch mit Kapernsauce

Für 4 Personen

1 EL Butter
800 g Lauch, längs halbiert, 6 cm lange Stücke
Salz
150 ml Sahne
Muskat
schwarzer Pfeffer
3 EL Crème fraîche
3 EL Weißwein
abgeriebene Schale von 1/4 unbehandelter Zitrone
1 EL Kapern, gehackt
1 EL Petersilie, fein gehackt

Dazu passen knusprige Ofenkartoffeln: Kleine Kartoffeln längs halbieren, leicht salzen, mit Kümmel bestreuen, ein Butterflöckchen auf jede Hälfte geben. Kartoffeln auf ein Backblech setzen und im vorgeheizten Ofen 20 Minuten backen.

1. Butter in einem flachen Topf schmelzen. Lauch hinzufügen, leicht salzen. Zugedeckt bei schwacher Hitze 7 Minuten im eigenen Saft dünsten.

2. Sahne dazugießen, mit Muskat und Pfeffer würzen. Lauch im geschlossenem Topf 7 Minuten bei milder Hitze dünsten.

3. Crème fraîche mit Weißwein, Zitronenschale und Kapern verrühren. Die Sauce mit dem Gemüse vermischen, zugedeckt noch 3 Minuten köcheln. Mit Pfeffer und Muskat abschmecken, mit Petersilie bestreuen.

Mein Tip: Als frische Begleitung: Feldsalat mit Walnußsauce. Dafür die Walnüsse fein hacken und mit einer kräuterwürzigen Vinaigrette verrühren.

Russische Rote Bete

Für 4 Personen

250 g saure Sahne
50 g Haselnüsse, fein gehackt
2 EL Dill
2 EL Butter
1 EL Mehl
300 ml Gemüsebrühe
Muskat
Pfeffer
abgeriebene Schale von
1/4 unbehandelter Zitrone
700 g junge rote Bete,
sehr dünn geschnitten
200 g säuerliche Äpfel,
feine Scheiben
1 TL Zitronensaft
einige Dillzweige

Am einfachsten ist es, wenn Sie die Roten Bete und Äpfel mit dem Gurkenhobel schneiden. Pikanter Kartoffelbrei vervollständigt dieses rosarote, fruchtige Rübengericht: Einige Eßlöffel Selleriewurzel und zwei Teelöffel fein geriebener Meerrettich mit wenig Milch vermischen und unter den fertigen Kartoffelbrei rühren.

1. Saure Sahne, Haselnüsse und Dill vermischen. Butter in einem flachen Topf mit dickem Boden schmelzen, Mehl hinzufügen, unter Rühren erhitzen, bis das Mehl sich leicht hellbraun verfärbt und ein angenehmer Duft aufsteigt.

2. Mit Gemüsebrühe aufgießen, die Sauce glatt rühren. Mit Muskat, Pfeffer und Zitronenschale würzen.

3. Rote Bete hinzufügen, zugedeckt 8 Minuten bei milder Hitze dünsten (die Roten Rüben sollen noch einen etwas Biß haben). Äpfel unterrühren, 4 Minuten köcheln.

4. Den Topf vom Herd nehmen, mit Zitronensaft und der Hälfte des Nuß-Rahms vermischen. Rote Bete in einer Schüssel anrichten. Mit Dillzweiglein garnieren. Restlichen Nußrahm dazu reichen.

Kohlrabi mit Basilikumsauce

Für 2 Personen

2 EL Crème fraîche
150 ml Gemüsebrühe
Muskat
Pfeffer
2 EL Butter
2 junge Kohlrabi,
3 mm dünne Scheiben
Salz
1 EL Basilikum, fein geschnitten

Hauchdünn geschnittene, junge Kohlrabi sind hitzeempfindlich und bewahren ihr erfrischendes Aroma nur bei ganz kurzer Garzeit. – Nein, ich will Sie nicht zur Rohkost bekehren, aber länger als 4 Minuten vertragen diese zarten Knollen die Kochhitze nicht.

1. Crème fraîche und Gemüsebrühe glattrühren, mit Muskat und Pfeffer würzen.

2. Butter in einem flachen Topf mit dickem Boden erhitzen. Kohlrabi unter Rühren 2 Minuten anbraten, leicht salzen.

3. Mit der Sauce aufgießen, noch 2 Minuten leicht köcheln. Kohlrabi vom Herd nehmen, mit Basilikum vermischen.

Mein Tip: Reichen Sie dazu Hirse. Für 4 Personen $^1/_2$ l Gemüsebrühe zum Kochen bringen, mit Muskat, Piment und Liebstöckel würzen. 250 g gewaschene Hirse einstreuen, zugedeckt 5 Minuten köcheln. Hirse zugedeckt im Ofen ca. 20 Minuten ausquellen lassen. Übriggebliebene Hirse kann man in einem Sieb über Wasserdampf aufwärmen.

Frühlingsgemüse mit Kerbelsauce

Für 4 Personen

Kerbelbutter:
4 EL Kerbel, fein gehackt
50 g weiche Butter, Stücke
Salz
Pfeffer

Frühlingsgemüse:
1 EL Butter
1 Zwiebel, fein gehackt
300 ml Gemüsebrühe
abgeriebene Schale von
1/4 unbehandelter Zitrone
Muskat
Pfeffer
500 g weißer Spargel, geschält,
4 cm lange Stücke
200 g junge Karotten,
3 mm dünne Scheiben
200 g Erbsenschoten
4 Frühlingszwiebeln,
1 cm breite Ringe
1 Handvoll Spinat, kleine Blätter

Kerbelbutter:
Kerbel und Butter mit der Gabel vermischen, die Kerbelbutter mit Salz und Pfeffer abschmecken, ins Tiefkühlfach stellen.

Frühlingsgemüse:
1. Butter in einem flachen Topf schmelzen, Zwiebeln darin glasig werden lassen. Mit Gemüsebrühe aufgießen, mit Zitronenschale, Muskat und Pfeffer würzen.

2. Die Gemüsebrühe zum Kochen bringen, Spargel hinzufügen, zugedeckt 10 Minuten bei schwacher Hitze kochen lassen. Karotten hinzufügen, zugedeckt 3 Minuten köcheln, Erbsenschoten und Frühlingszwiebeln hinzufügen, zugedeckt in 4 Minuten garen. Spinatblätter unterrühren, einen Moment erhitzen. Gemüse mit dem Schaumlöffel aus dem Topf heben, in eine vorgewärmte Schüssel geben, zudecken.

3. Die Kochflüssigkeit bei starker Hitze 5 Minuten einkochen. Sauce vom Herd nehmen. Kerbelbutter stückchenweise einrühren. Sauce mit Zitronensaft abschmecken, über das Gemüse gießen. Dazu neue Kartoffeln und ein ganz trockener, leichter Weißwein.

Fenchel mit Gorgonzola-Nockerln

Für 4 Personen

100 g Edelschimmelkäse (Roquefort, Gorgonzola)
100 g Mascarpone
Pfeffer
2 EL Butter
1 Zwiebel, fein gehackt
2 Knoblauchzehen, fein gehackt
700 g Fenchel, geviertelt
200 ml Gemüsebrühe
4 EL passierte Tomaten
Muskat
1/2 TL Basilikum

Gerade recht, wenn der Gaumen Lust auf milde Genüsse hat: Käseklößchen schmelzen auf zartem Fenchelgemüse. Dazu gibt es goldgelbe Polenta oder körnige Hirse.

1. Käse mit der Gabel fein zerdrücken, mit Mascarpone und Pfeffer vermischen.

2. Butter in einem flachen Topf schmelzen. Zwiebeln und Knoblauch darin unter Rühren glasig werden lassen. Fenchel dazugeben, kurz mitbraten. Gemüsebrühe und passierte Tomaten angießen, mit Muskat und Basilikum würzen. Fenchel zugedeckt 15 Minuten bei schwacher Hitze dünsten.

3. Fenchel auf einer Platte anrichten. Von der Käsecreme Klößchen abstechen, auf dem Gemüse verteilen. Oder die Käsecreme getrennt zum Gemüse reichen.

Mein Tip: Dazu einen farbenfrohen Salat aus Tomaten, Ruccola und feinblättrig geschnittenen, rohen Champignons.

Ungarischer Krauttopf

Für 4 Personen

1 EL Öl
1 EL Butter
1 große Zwiebel, feine Ringe
2 Knoblauchzehen, fein gehackt
600 g junges Weißkraut, feine Streifen
200 g Kartoffeln, kleine Würfel
1 grüne Paprika, feine Streifen
Salz
1/4 TL Paprika, scharf
1–2 TL Paprika, edelsüß
1/2 TL Koriander
1/2 TL Kümmel
200 ml Gemüsebrühe
100 g Sauerrahm
100 g Joghurt
1 EL Tomatenmark

Zu diesem herzhaften, ländlichen Gericht reichen Sie knuspriges Volkornbaguette und einen gehaltvollen Rotwein. Damit die Sauce gelingt und nicht ausflockt, werden Sauerrahm, Joghurt und Tomatenmark mit etwas Kochflüssigkeit im Mixer auf höchster Stufe püriert.

1. Öl und Butter in einem flachen Topf erhitzen. Zwiebeln darin zuerst bei schwacher Hitze langsam andünsten, dann unter Rühren goldgelb braten.

2. Knoblauch, Kraut, Kartoffeln und Paprika dazugeben, leicht salzen, unter Rühren kurz anbraten. Mit Paprikapulver, Koriander und Kümmel würzen, mit Brühe aufgießen. Das Gemüse zugedeckt ca. 15 Minuten bei schwacher Hitze dünsten.

3. Sauerrahm, Joghurt und Tomatenmark mit etwas Kochflüssigkeit im Mixer fein pürieren. Die Sauce an das Gemüse gießen. Gemüse zugedeckt 5 Minuten köcheln, mit Salz abschmecken.

Mein Tip: Kochen Sie gleich eine größere Menge. Dieses Gemüsegericht eignet sich zum Einfrieren.

Pikante geschmorte Paprika

Für 4 Personen

4 EL Olivenöl
3 Knoblauchzehen, fein gehackt
1 Chilischote, fein gehackt
2 rote Paprikaschoten, feine Streifen
2 gelbe Paprikaschoten, feine Streifen
1 grüne Paprikaschote
Salz
4 geschälte Tomaten aus der Dose, kleingeschnitten
100 g Parmesan, grobe Späne
12 schwarze Oliven

Ob mit Nudeln heiß zum Mittagessen, mit Baguette kalt zum Picknick, geschmorte Paprika passen zu jeder Gelegenheit. Damit das bunte Gemüse jedoch seine perfekte Beschaffenheit – weich, aber trotzdem nicht matschig – erreicht, brauchen Sie die richtige Pfanne. Bestens geeignet ist eine schwere Pfanne aus Gußeisen, oder, etwas moderner, eine beschichtete Pfanne mit dickem Boden.

1. Öl in einer großen Pfanne mit dickem Boden erhitzen. Knoblauch, Chili und Paprikastreifen dazugeben, salzen, unter Rühren 3 Minuten anbraten, zugedeckt 10 Minuten bei schwacher Hitze im eigenen Saft dünsten. Ab und zu umrühren, damit die Paprika nicht ankleben.

2. Wenn die Paprikastreifen weich sind, Tomaten unterrühren. Zugedeckt köcheln, bis der Tomatensaft fast eingekocht ist.

3. Paprikagemüse auf einer Platte anrichten, mit Parmesan und Oliven bestreuen.

Blumenkohl mit Paprikasauce

Für 4 Personen

2 rote Paprikaschoten
1 mittelgroßer Blumenkohl
2 EL Butter
1 Zwiebel, fein gehackt
2 Knoblauchzehen, fein gehackt
3 EL Crème fraîche
Salz
1 Prise Chilipulver
1 EL Petersilie, fein gehackt

Zur Abwechslung wird hier einmal der Blumenkohl im ganzen über Wasserdampf gegart und mit einer milden, lachsroten Sauce übergossen. Das Besondere an der Sauce: Die ganzen Paprikaschoten werden im Ofen gebacken, abgezogen und dann püriert.

1. Die ganzen Paprikaschoten im Ofen auf dem Rost 20 Minuten backen, bis die Haut sich schwarzbraun verfärbt und Blasen wirft. Paprikaschoten etwas abkühlen lassen. Haut abziehen, Stielansatz, Scheidewände und Kerne entfernen.

2. Vom Blumenkohl die großen, grünen Blätter und den herausragenden Strunk entfernen. Die ganze Blumenkohlrose zugedeckt in einem Siebeinsatz über Wasserdampf in ca. 20 Minuten garen.

3. In dieser Zeit die Sauce zubereiten: Butter in einer Pfanne schmelzen, Zwiebeln und Knoblauch darin zuerst andünsten, dann unter Rühren goldgelb braten. Zwiebeln mit Paprika und Crème fraîche im Mixer oder mit dem Mixstab fein pürieren, mit Salz und Chili abschmecken.

4. Blumenkohl auf einer Platte anrichten, mit Paprikasauce übergießen und mit Petersilie bestreuen.

Spinat-Pilz-Pudding

Für 4 Personen

$1\frac{1}{2}$ EL Butter
2 Frühlinsgzwiebeln, feine Ringe
100 g Champignons, dünne Scheiben
150 g tiefgekühler Blattspinat, angetaut, mundgerechte Stücke
Salz
3 Eier
80 ml Gemüsebrühe
80 ml Sahne
2 EL Parmesan, frisch gerieben
abgeriebene Schale von $\frac{1}{4}$ unbehandelter Zitrone
1 Prise Muskat
Pfeffer

Spinat und Pilze, kurz angebraten, mit schaumig geschlagenen Eiern, Parmesan, Gemüsebrühe und Sahne vermischt, in attraktive Portionsförmchen gefüllt – damit hat sich die ganze Arbeit für diese warme Blitzvorspeise.

1. Ein Eßlöffel Butter in einer kleinen Pfanne erhitzen, Frühlingszwiebeln und Champignons unter Rühren kurz anbraten. Angetauten Spinat zufügen, leicht salzen, kurz erhitzen.

2. Vier kleine Portionsförmchen mit der restlichen Butter ausstreichen. Spinat und Pilze auf die Förmchen verteilen. Mit dem Handmixer die Eier schaumig schlagen. Gemüsebrühe und Sahne unterrühren. Parmesan untermischen, mit Zitronenschale, Muskat, Pfeffer und Salz abschmecken. Die Flüssigkeit in die Portionsschälchen gießen.

3. Schälchen in einen Dämpfeinsatz stellen. Zugedeckt über Wasserdampf 15 Minuten garen, sofort servieren.

Mein Tip: Pudding auf kleinen Salatblättern anrichten, mit roten Paprikastreifen oder kleinen Tomatenschnitzen garnieren.

Wirsingpäckchen mit Ricotta-Haselnuß-Füllung

Für 4 Personen

250 g Ricotta
1 Ei
abgeriebene Schale von
$^{1}/_{4}$ unbehandelter Zitrone
1 TL Minze, fein gehackt
2 EL Basilikum, fein geschnitten
1 EL Petersilie, fein gehackt
1 Frühlingszwiebel, dünne Ringe
2 EL geriebene Haselnüsse
2 EL Parmesan, frisch gerieben
1 Prise Muskat
Pfeffer
Salz
12 kleinere Wirsingblätter

1. Ricotta mit Ei, Zitronenschale, Kräutern, Frühlingszwiebeln, Nüssen, Parmesan und Muskat vermischen. Die Masse mit Salz und Pfeffer abschmecken.

2. Wirsingblätter 1 Minute in kochendem Salzwasser blanchieren, kalt abschrecken. Aus der Ricottamasse 12 Bällchen formen, in die Mitte jedes Wirsingblattes 1 Bällchen setzen. Das Blatt über dem Bällchen zusammenfassen, mit weißem Faden zubinden. Wirsingpäckchen nebeneinander in einen Siebeinsatz setzen. Zugedeckt über Wasserdampf 12 Minuten garen. Dazu Tomatensauce und Reis reichen.

Tomatensauce

Für 4 Personen

500 g reife Tomaten, Stücke
$^{1}/_{2}$ Zwiebel, Stücke
2 EL Butter
1 TL Basilikum
$^{1}/_{2}$ TL Thymian
Salz, Pfeffer

Tomaten- und Zwiebelstücke im Mixer oder mit dem Mixstab fein pürieren. Durch ein Sieb streichen. Tomatenpüree, Butter, Basilikum und Thymian in einen Topf geben. Die Sauce 10 Minuten bei schwacher Hitze köcheln, mit Salz und Pfeffer abschmecken.

Zuckererbsen, Rettich und Karotten mit pikanter Sesamsauce

Für 4 Personen

Sesamsauce:
60 g ungeschälter Sesam
2 EL Sojasauce
4 EL Instant-Gemüsebrühe
1 1/2 EL Zitronensaft
abgeriebene Schale von
1/4 unbehandelter Zitrone
1/2 TL Ingwerwurzel, fein gehackt
1 rote Chilischote, fein gehackt

Gemüse:
250 g Rettich, 5 mm dünne Scheiben
250 g Karotten,
5 mm dünne Scheiben
250 g Zuckererbsen
8 Stiele Brunnenkresse oder
4 EL Gartenkresse

Ein kulinarischer Ausflug nach Japan. Rettich wird hier nicht nur roh gegessen, sondern auch als Gemüse geschätzt. Dazu paßt die schnell angerührte, nussige Sesamsauce. Typisch für das Land der aufgehenden Sonne: Die Kombination von Sesam, Sojasauce und Ingwer.

Sauce:
Sesam in einer trockenen Pfanne unter Rühren anrösten, bis die Körner anfangen hochzuspringen. Sesam, Sojasauce, Gemüsebrühe, Zitronensaft und -schale im Mixer fein pürieren. Die Sauce mit Ingwer und Chili pikant würzen. Sesamsauce auf Portionsschälchen verteilen.

Gemüse:
Rettich und Karotten in einen Siebeinsatz geben. Zugedeckt über Wasserdampf in 5 Minuten garen. Zuckererbsen hinzufügen, 3 Minuten mitgaren. Gemüse portionsweise dekorativ anrichten, mit Brunnenkressezweigen garnieren. Die Sesamsauce dazu reichen.

Zucchini aus dem Dampf mit Zitronencreme

Für 4 Personen

100 g Frischkäse
200 ml Gemüsebrühe
abgeriebene Schale von
1/4 unbehandelter Zitrone
2 TL Zitronensaft
Salz
Pfeffer
800 g Zucchini,
1,5 cm dicke Scheiben
1 TL frische Minze, fein geschnitten

Das spart Zeit und Arbeit: Die Zitronencreme kommt in eine kleine Metallschüssel und wird gemeinsam mit den Zucchini über Wasserdampf erhitzt. Achten Sie darauf, daß die Zucchini nicht zu weich werden, sondern noch Biß haben.

1. Frischkäse in eine kleine Rührschüssel geben. Gemüsebrühe erhitzen und mit dem Handrührgerät nach und nach unter den Frischkäse rühren. Zitronensaft und -schale unterziehen. Die Sauce mit Pfeffer und Salz abschmecken, in eine kleine Metallschüssel gießen.

2. Die Schüssel in einen Dämpfeinsatz stellen, Zucchini rund um die Schüssel schichten. Gemüse und Sauce zugedeckt über Wasserdampf in 6–8 Minuten garen, so daß die Zucchini noch Biß haben.

3. Zucchini auf einer Platte anrichten, die Sauce mit Minze vermischen, zum Gemüse reichen.

Mein Tip: Besonders gut schmecken dazu breite Nudeln oder Kartoffelbrei mit goldbraun gerösteten Zwiebeln.

Brokkoli und Champignons mit süß-saurer Sauce

Für 4 Personen

Leuchtend grün und voll natürlichem Aroma ist Brokkoli aus dem Dampf. Die Garzeit beträgt nur 8 Minuten. Bleiben die zarten Röschen zu lange im Topf, verblaßt die Farbe und der Geschmack leidet.

Süß-saure Sauce:
600 g Tomaten, abgezogen, Stücke oder geschälte Tomaten aus der Dose
1 EL Öl
2 TL Ingwerwurzel, fein gehackt
1 Prise Chilipulver
1 Prise Muskat
1 Prise Zimt
1 EL Honig
1 EL Sherry- oder Apfelessig
Salz

Gemüse:
1 EL Öl
2 EL Mandelsplitter
400 g Champignons
Saft von 1 Zitrone
400 g Brokkoli, kleine Röschen
1 EL Korianderblätter oder Petersilie, fein gehackt

Süß-saure Sauce:
Tomaten, Öl, Ingwer, Chili, Muskat, Zimt, Honig und Essig in einen kleinen Topf geben, in 15 Minuten zu einer dicken Sauce einkochen, mit Salz abschmecken. Die Sauce im Mixer oder mit dem Mixstab fein pürieren.

Gemüse:

1. Öl in einer kleinen Pfanne erhitzen. Mandelsplitter darin unter Rühren goldgelb braten.

2. Champignons im Zitronensaft wenden und danach mit dem Brokkoli in einen Dämpfeinsatz geben. Das Gemüse zugedeckt in 7–8 Minuten über Wasserdampf garen; es soll noch Biß haben.

3. Gemüse auf einer Platte anrichten, mit Mandelsplittern und Koriander bestreuen. Sauce dazu reichen.

Kohlrabi, Erbsen, Karotten, Frühlingszwiebeln mit Minze

Für 4 Personen

2 EL Öl
1 TL Ingwerwurzel, fein gehackt
200 g Karotten, 3 mm dünne Stifte
Salz
200 g Kohlrabi, 3 mm dünne Stifte
200 g tiefgefrorene, junge Erbsen
4 Frühlingszwiebeln,
$^{1}/_{2}$ cm dünne Ringe
100 ml Gemüsebrühe
abgeriebene Schale von
$^{1}/_{4}$ unbehandelter Zitrone
Pfeffer
1 TL Zitronensaft
1 TL Minze, fein geschnitten
einige Minzeblättchen
3 Zitronenscheiben

Es muß nicht alles chinesisch sein, was aus dem Wok kommt. Eine feine Note bringen Zitronenaroma und frische Minze an ein heimisch vertrautes Gemüse.

1. Öl im Wok erhitzen, Ingwer unter Rühren kurz anbraten. Karotten dazugeben, unter Rühren 2 Minuten braten. Kohlrabi, Erbsen und Frühlingszwiebeln dazugeben, unter Rühren das Gemüse weitere 2 Minuten braten.

2. Mit Gemüsebrühe aufgießen, mit Zitronenschale und Pfeffer würzen. Das Gemüse zugedeckt 3 Minuten dünsten. Gemüse vom Herd nehmen, mit Zitronensaft abschmecken, mit Minze vermischen.

3. Auf einer Platte anrichten, mit Minzeblättchen und Zitronenscheiben garnieren.

Mein Tip: Statt Minze eine Mischung aus Dill und Petersilie verwenden. Auch ein Hauch Estragon wirkt belebend. Oder das knackige Gemüse mit fein gehacktem, frischem Koriander und gerösteten Mandelblättchen bestreuen.

Grüne Paprika, Champignons, Lauch und Sprossen

Für 4 Personen

2 EL Öl
2 Knoblauchzehen, fein gehackt
1 Chilischote, fein gehackt
2 grüne Paprikaschoten,
1 cm breite Streifen
300 g kleine Champignons, geviertelt
200 g Lauch. längs halbiert,
1/2 cm breite Streifen
Salz
100 g Mungsprossen
1 EL Sojasauce

Einfacher geht's nicht mehr. Die härteren Paprika werden zuerst angebraten, dann kommen Champignons und Lauch in den Wok. Flüssigkeit muß nicht hinzugefügt werden, da die Champignons genügend Saft ziehen. Die empfindlichen Sprossen brauchen nur kurz mitzudünsten. Gewürzt wird mit einem Hauch Sojasauce, Knoblauch und Chili.

1. Öl in einem Wok erhitzen. Knoblauch und Chili unter Rühren kurz anbraten. Paprika hinzufügen, unter Rühren 2 Minuten braten.

2. Champignons und Lauch dazugeben, unter Rühren 2 Minuten braten, leicht salzen. Sprossen untermischen.

3. Das Gemüse zugedeckt 3 Minuten bei schwacher Hitze dünsten. Gemüse mit Sojasauce abschmecken, auf einer Platte anrichten.

Mein Tip: Probieren Sie dieses Gericht auch mit Pfifferlingen oder Steinpilzen.

Gebratenes Gemüse süß-sauer mit Ananas

Für 4 Personen

2 EL Sojasauce
3 EL passierte Tomaten
1 TL Honig
1 TL Speisestärke
1 TL Ingwerwurzel, fein gehackt
2 EL Öl
3 Knoblauchzehen, fein gehackt
300 g Karotten,
3 mm dünne Scheiben
1–2 TL Currypulver
2 Stangensellerie, dünne Scheiben
200 g Zucchini, 1 cm dicke Scheiben
Salz
200 g frische Ananas, kleine Stücke
2 Frühlingszwiebeln, feine Ringe
2 EL geröstete Mandelblättchen

Statt mit der fertigen Currymischung können Sie auch mit 1/2 Teelöffel Kreuzkümmel, 1/2 Teelöffel Koriander, 1 Prise Zimt, 1/2 Teelöffel Curcuma, 1 Prise Kardamom und 1 Prise Chili würzen.

1. Sojasauce, passierte Tomaten, Honig, Speisestärke, Ingwer und 2 Eßlöffel Wasser glattrühren.

2. Öl in einem Wok erhitzen. Knoblauch darin unter Rühren kurz anbraten. Karotten dazugeben, unter Rühren 2 Minuten braten. Mit Currypulver bestäuben, Sellerie und Zucchini dazugeben, leicht salzen, unter Rühren 1 Minute braten.

3. Ananas hinzufügen, 100 ml Wasser angießen, das Gemüse zugedeckt 5 Minuten dünsten.

4. Soja-Tomaten-Mischung unterrühren, kurz aufkochen, bis die Sauce gebunden ist.

5. Gemüse auf einer Platte anrichten, mit Frühlingszwiebeln und Mandelblättchen bestreuen.

Spargel, Austernpilze und Lauch

Für 4 Personen

400 g grüner Spargel,
4 cm lange Stücke
Salz
2 EL Sherry (medium)
1 EL Sojasauce
1 TL Speisestärke
2 EL Öl
1/2 TL Ingwerwurzel, fein gehackt
200 g Lauch, längs halbiert,
1 cm breite Streifen
Salz
300 g Austernpilze,
mundgerechte Stücke
einige Tropfen geröstetes Sesamöl
2 Frühlingszwiebeln, feine Ringe

Ingwer, Sojasauce, Sherry und geröstetes Sesamöl – mit dieser Aromamischung kommt der chinesische Geschmack ans Essen. Geröstetes Sesamöl ist sehr intensiv; ein paar Tropfen genügen für das nussige Aroma fernöstlicher Gerichte. Das goldbraune Öl gibt es in asiatischen Lebensmittelgeschäften und in gut sortierten Supermärkten.

1. Spargel in reichlich Salzwasser bißfest kochen, aus dem Wasser heben, in einem Sieb abtropfen lassen. Sherry, Sojasauce und Speisestärke glattrühren.

2. Öl in einem Wok erhitzen, Ingwer darin unter Rühren kurz anbraten. Lauch dazugeben, leicht salzen, unter Rühren 1 Minute braten. Pilze untermischen, unter Rühren 4 Minuten braten. Spargel hinzufügen, kurz unter Rühren erhitzen. Sherry-Soja-Mischung ans Gemüse gießen, kurz aufkochen, bis die Sauce gebunden ist.

3. Vom Herd nehmen, mit Salz und Sesamöl abschmecken. Das Gemüse auf einer Platte anrichten, mit Frühlingszwiebeln bestreuen.

Thailändische Pfanne mit Paprika, Mais und Spinat

Für 4 Personen

2 junge Maiskolben oder 200 g Mais aus der Dose, abgetropft
1 TL Speisestärke
1 TL Sojasauce
2 EL Öl
2 Knoblauchzehen, fein gehackt
2 rote Paprikaschoten, feine Streifen
Salz
$^1/_4$ l Kokosmilch (siehe Rezept S. 13)
abgeriebene Schale von
$^1/_4$ unbehandelter Zitrone
1–2 TL Currypulver
1 TL Instant-Gemüsebrühe
100 g Spinat (auch tiefgekühlter Blattspinat)
2 TL Zitronensaft
2 Frühlingszwiebeln, fein gehackt
1 EL frische Korianderblätter, fein gehackt

Was macht aus Paprika, Mais und Spinat ein thailändisches Gericht? – 1. Das schnelle Braten unter Rühren im Wok und 2. die richtige Gewürzmischung. Eine cremige Sauce aus sanfter Kokosmilch, feurigem Chili und Currygewürzen, dazu Sojasauce und Zitronenaroma. Und nicht zuletzt frischer Koriander, dessen feinherbes Aroma überall in Asien beliebt ist.

1. Mit einem großen scharfen Messer die Körner von den Maiskolben abschneiden. Speisestärke mit Sojasauce und 2 Eßlöffel Wasser glattrühren.

2. Öl in einem Wok erhitzen, Knoblauch unter Rühren kurz anbraten. Paprika dazugeben, leicht salzen, unter Rühren 3 Minuten braten. Maiskörner dazugeben, unter Rühren 1 Minute braten. Gemüse mit Kokosmilch aufgießen, mit Zitronenschale, Curry und Gemüsebrühe würzen. Zugedeckt 5 Minuten bei schwacher Hitze dünsten.

3. Spinat unter das Gemüse rühren, 1 Minute erhitzen. Die Sojamischung unterrühren, kurz aufkochen, bis die Sauce gebunden ist. Gemüse vom Herd nehmen, mit Zitronensaft abschmecken.

4. Das Gemüse auf einer Platte anrichten, mit Frühlingszwiebeln und Koriandergrün bestreuen.

Brokkoli, Tofu und Cashewnüsse in süß-saurer Sauce

Für 4 Personen

4 EL Sherry (medium)
4 EL passierte Tomaten
2 EL Sojasauce
1 TL Honig
1 TL Ingwerwurzel, fein gehackt
1 Prise Chili
200 g Tofu, Würfel
1 gestrichener EL Speisestärke
2 EL Öl
50 g Cashewnüsse, halbiert
700 g Brokkoli, kleine Röschen
Salz
100 ml Wasser
2 Frühlingszwiebeln, feine Ringe

Die Beschaffenheit der einzelnen Zutaten bildet, ganz nach den Regeln der chinesischen Küche, einen reizvollen Gegensatz: weicher Tofu, harte Nüsse, knackiger Brokkoli und Frühlingszwiebeln.

1. Sherry, Tomaten, Sojasauce, Honig, Ingwer und Chili verrühren. Tofu darin 30 Minuten marinieren.

2. Tofu in ein Sieb abgießen, gut abtropfen lassen. Die Marinade auffangen, mit der Speisestärke glattrühren.

3. Öl in einem Wok erhitzen, Cashewnüsse und Brokkoli unter Rühren 2 Minuten braten, leicht salzen. Tofu dazugeben, unter Rühren 1 Minute braten. Wasser angießen, das Gemüse zugedeckt 5 Minuten dünsten. Marinade unterrühren, kurz aufkochen, bis die Sauce gebunden ist.

4. Das Gemüse auf einer Platte anrichten, mit Frühlingszwiebeln bestreuen.

Mein Tip: Besonders würzig wird der Tofu, wenn Sie ihn schon am Tag vorher in die Marinade einlegen.

Gemüsepfuffer mit Salsa Picante

Für 4 Personen

Salsa Picante:
300 g Tomaten, sehr kleine Würfel
1 Päckchen tiefgekühlte, italienische Kräuter
$^{1}/_{2}$ TL Sherryessig
1 gute Prise Chilipulver
Salz

Gemüsepuffer:
2 Knoblauchzehen, fein gehackt
200 g Karotten, grob gerieben
1 grüne Paprikaschote, sehr feine, 2 cm lange Streifen
1 Stiel Stangensellerie, feine Scheiben
100 g Lauch, längs halbiert, feine Streifen
100 g tiefgekühlte, junge Erbsen
2 EL Petersilie, fein gehackt
4 Eier
4 EL Mehl
Salz
Pfeffer
Öl zum Ausbacken

Bestens geeignet, um kleine Gemüsereste in knuspriger Form auf den Tisch zu bringen. Probieren Sie auch die Kombination: Karotten, Kraut, Lauch und Zucchini. Der Teig ist ziemlich flüssig, darum mit dem Eßlöffel immer nur kleine Plätzchen in die Pfanne setzen.

Salsa Picante:
Tomaten, Kräuter und Essig vermischen, die Sauce mit Chili und Salz abschmecken.

Gemüsepuffer:

1. In einer großen Schüssel Knoblauch und die Gemüse mit Petersilie, Eiern und Mehl verrühren. Den Teig mit Salz und Pfeffer abschmecken.

2. Reichlich Öl in einem Wok oder einer großen Pfanne erhitzen, mit einem Eßlöffel kleine Gemüsehäufchen ins Öl setzen, mit dem Löffel etwas flachdrücken. Die Gemüsepuffer auf beiden Seiten knusprig goldgelb braten, auf Küchenkrepp abtropfen lassen.

3. Zu den Gemüsepuffern Salsa picante reichen.

Bohnen, Zwiebeln und Tomaten

Für 4 Personen

600 g junge, grüne Bohnen, 3 cm lange Stücke oder tiefgekühlte, junge Bohnen
Salz
2 EL Sojasauce
3 EL Sherry
1 TL Sherryessig
1/2 EL Speisestärke
3 EL Öl
2 Zwiebeln, feine Ringe
1 rote Chilischote, fein gehackt
1/2 TL brauner Zucker
3 Tomaten, abgezogen, Würfel
100 ml Gemüsebrühe
1/4 TL geröstetes Sesamöl

Mit tiefgefrorenen Bohnen und geschälten Tomaten aus der Dose entsteht ein blitzschnelles, herzhaftes Gemüsegericht. – Tiefgekühlte Bohnen werden über Wasserdampf in ca. 6 Minuten aufgetaut und kommen dann gleich in den Wok.

1. Bohnen in reichlich Salzwasser in 7 Minuten kochen (sie sollen noch Biß haben). Abgießen, mit kaltem Wasser abschrecken, gut abtropfen lassen.

2. Sojasauce, Sherry, Essig und Speisestärke glattrühren.

3. Öl im Wok erhitzen. Zwiebeln unter Rühren bei schwacher Hitze zuerst weich dünsten, dann bei stärkerer Hitze unter Rühren goldbraun braten.

4. Chili und Zucker dazugeben, unter Rühren kurz anbraten. Bohnen hinzufügen, leicht salzen, unter Rühren 2 Minuten braten. Tomaten zum Gemüse mischen, unter Rühren 2 Minuten erhitzen.

5. Mit Gemüsebrühe aufgießen, zugedeckt 3 Minuten köcheln. Sojamischung einrühren, aufkochen lassen, bis die Sauce gebunden ist. Gemüse vom Herd nehmen. Mit Sesamöl aromatisieren, auf einer großen Platte anrichten.

Fenchel mit Knusperkruste

Für 4 Personen

Vor dem Überbacken wird der Fenchel in Gemüsebrühe bißfest gekocht. In der Backzeit des Fenchels bereiten Sie mit der aromatisierten Gemüsebrühe eine Tomatenbouillon zu, die als leichte Vorspeise serviert wird.

Gemüse:
800 g Fenchel (4 Knollen), halbiert
500 ml Gemüsebrühe
$1\frac{1}{2}$ EL Butter
3 Tomaten, enthäutet, kleine Würfel
2 Scheiben Weizenvollkorntoast, fein zerkrümelt
50 g Emmentaler, fein gerieben
1 Knoblauchzehe, fein gehackt
abgeriebene Schale von
$\frac{1}{2}$ unbehandelter Zitrone
$\frac{1}{2}$ TL Koriander
1 Prise Muskat
1 Prise Chili

Tomatenbouillon:
500 ml Gemüsebrühe (= Kochflüssigkeit des Gemüses)
300 g Tomaten, in Stücke geschnitten
1 EL Butter
1 kleine Zwiebel, fein gehackt
1 TL Instant-Gemüsebrühe
$\frac{1}{2}$ TL Oregano
$\frac{1}{2}$ TL Basilikum
1 Prise Thymian

Gemüse:

1. Fenchel in der Gemüsebrühe in ca. 10 Minuten al dente kochen, abgießen, abtropfen lassen. Kochflüssigkeit auffangen! (Wird für Tomatenbouillon weiter verwendet).

2. Eine flache, feuerfeste Form mit Butter ausstreichen, Fenchelhälften nebeneinander hineinsetzen. Die Tomatenwürfel in die Zwischenräume geben, leicht salzen.

3. Zerkrümeltes Brot mit Käse, Knoblauch, Zitronenschale, Koriander, Muskat und Chili vermischen.

4. Die Mischung auf dem Fenchel verteilen. Fenchel im vorgeheizten Ofen bei 200 °C 15 Minuten überbacken.

Tomatenbouillon:
Alle Zutaten im Mixer oder mit dem Mixstab pürieren, die Suppe durch ein Sieb streichen. Kurz erhitzen, mit frischen Kräutern garnieren, dazu Croûtons reichen.

Pilzpastete

Für 4 Personen

2 EL Butter
200 g Lauch, längs halbiert, $^{1}/_{2}$ cm breite Streifen
Salz
800 g kleine Champignons
100 ml Sahne
100 ml Weißwein
2 EL Crème fraîche
Pfeffer
2 EL Petersilie, fein gehackt
1 Packung tiefgekühlter Blätterteig
2 Eigelb

Sieht raffiniert aus und macht wenig Arbeit. Für dieses Rezept brauchen Sie kleine Champignons, die im ganzen in die Pastete kommen. Wenn die Wildpilze Saison haben, können Sie auch Pfifferlinge oder Steinpilze verwenden.

1. Ein Eßlöffel Butter in einer Pfanne schmelzen.

2. Lauch darin unter Rühren 3 Minuten anbraten, leicht salzen. Lauch auf dem Boden einer flachen feuerfesten Form verteilen.

3. Restliche Butter schmelzen, Champignons unter Rühren 3 Minuten darin anbraten, leicht salzen.

4. Champignons mit dem Schaumlöffel aus der Pfanne heben, auf dem Lauch verteilen.

5. Sahne, Weißwein und Crème fraîche mit dem Pilzsaft verrühren, die Sauce bei starker Hitze etwas einkochen, mit Salz und Pfeffer abschmecken, mit Petersilie vermischen, über das Gemüse gießen.

6. Blätterteig 3 mm dünn ausrollen, ca. 3 cm größer als die Form ausschneiden. Eigelb verquirlen. Rand der Form mit etwas Eigelb bestreichen. Teig nicht zu straff über die Form legen, am Rand gut festdrücken. Teig mit Eigelb bestreichen. Pilzpastete im vorgeheizten Ofen bei 220 °C ca. 15 Minuten goldbraun backen.

Gemüsepäckchen aus dem Ofen mit Salsa Verde

Für 4 Personen

Gemüsepäckchen:
1 EL Butter
200 g Lauch, längs halbiert,
5 cm lange Stücke
200 g Fenchel, 2 cm dicke Streifen
200 g Karotten, $^{1}/_{2}$ cm breite Streifen
Salz
Pfeffer

Salsa Verde:
1 Bund Petersilie, fein gehackt
1 Knoblauchzehe, fein gehackt
1 EL Kapern, fein gehackt
1 EL Semmelbrösel
Saft von 1 Zitrone
abgeriebene Schale von
$^{1}/_{4}$ unbehandelter Zitrone
$^{1}/_{8}$ l Olivenöl
Salz
Pfeffer

Salsa Verde, diese klassiche Version der kalten Kräutersauce, wird zubereitet, während das Gemüse im Ofen brutzelt. Im Sommer, wenn der Gartengrill angeworfen wird, können Sie die Gemüsepäckchen auch über der Glut backen.

Gemüsepäckchen:

1. Vier Alufolienstücke (20 x 20 cm) mit Butter bestreichen. Lauch, Fenchel und Karotten in die Mitte der Folie legen, leicht salzen und pfeffern. Alufolie über dem Gemüse zusammenfalten. Die Alufolie soll gut verschlossen sein, damit keine Flüssigkeit, aber auch kein Dampf entweichen kann.

2. Die Gemüsepäckchen im vorgeheizten Ofen 15 Minuten bei 200 °C backen.

Salsa Verde:

Petersilie, Knoblauch, Kapern, Semmelbrösel, Zitronensaft und Zitronenschale gut vermischen. Das Olivenöl nach und nach unterrühren, die Sauce mit Salz und Pfeffer abschmecken. Salsa Verde zum Gemüse reichen.

Brokkoli-Tomaten-Gratin

Für 4 Personen

Gratin:
700 g Brokkoli, kleine Röschen
1 EL Butter
200 g Tomaten, Scheiben
Salz
4 Frühlingszwiebeln, feine Ringe
$^{1}/_{2}$ TL Basilikum
250 g Joghurt
3 Eier
Muskat
Pfeffer
100 g Emmentaler, gerieben
50 g Parmesan, gerieben
12 schwarze Oliven

Bulgur-Zucchini-Pfanne:
250 g Bulgur
350 ml Gemüsebrühe
1 EL Butter
2 Zucchini, sehr kleine Würfel

In der Backzeit des Gratins kochen Sie eine Bulgur-Zucchini-Pfanne, die Sie zum Gratin servieren.

Gratin:

1. Brokkoli zugedeckt in einem Dämpfeinsatz über Wasserdampf in 8 Minuten weich, aber mit Biß garen.

2. Eine große, flache Auflaufform mit etwas Butter ausstreichen. Brokkoliröschen nebeneinander in einer Schicht in die Form legen. Mit Tomatenscheiben bedecken, leicht salzen, mit Frühlingszwiebeln und Basilikum bestreuen.

3. Joghurt und Eier glattrühren, mit Salz, Muskat und Pfeffer abschmecken. Die Sauce über das Gemüse gießen. Den Auflauf mit Emmentaler, Parmesan und Oliven bestreuen, restliche Butter darauf verteilen. Im vorgeheizten Ofen bei 200 °C 15–20 Minuten backen.

Bulgur-Zucchini-Pfanne:

1. Bulgur in der Gemüsebrühe 5 Minuten zugedeckt köcheln. Vom Herd nehmen und zugedeckt 10 Minuten ausquellen lassen.

2. Butter schmelzen, Zucchini darin unter Rühren kurz anbraten. Das Gemüse mit dem Bulgur vermischen.

Paprika mit Roquefort-Lauch-Füllung

Für 4 Personen

2 rote Paprikaschoten
2 gelbe Paprikaschoten
1 EL Butter
500 g Lauch, längs halbiert, feine Streifen
200 g Edelschimmelkäse (Roquefort, Gorgonzola)
2 Eier
200 g gekochter Naturreis
Salz
Pfeffer
Muskat
100 ml passierte Tomaten
200 ml Gemüsebrühe
2 Knoblauchzehen,
½ TL Basilikum
½ TL Thymian
1 Lorbeerblatt
1 Nelke

Statt Lauch können Sie auch Champignons für die Füllung verwenden: 300 g Champignons in feine Scheiben schneiden, in etwas Buttter unter Rühren anbraten. Champignons und zwei fein geschnittene Frühlingszwiebeln mit den restlichen Zutaten für die Füllung vermischen.

1. Am Stielende der Paprika einen Deckel abschneiden. Kerne aus den Paprikaschoten entfernen.

2. Butter in einer Pfanne schmelzen, Lauch darin 4 Minuten andünsten.

3. Käse mit der Gabel fein zerdrücken, mit dem Handrührgerät Käse und Eier zu einer glatten Creme rühren. In einer Schüssel Lauch, Reis und Käsecreme gut vermischen, mit Salz, Pfeffer und Muskat abschmecken.

4. Die Masse in die Paprikaschoten füllen. Die abgeschnittenen Deckel auf die Paprika setzen.

5. In einer feuerfesten Form passierte Tomaten mit Gemüsebrühe, Knoblauch, Kräutern und Gewürzen vermischen. Die Flüssigkeit auf dem Herd zum Kochen bringen. Paprika in die Form setzen, im vorgeheizten Ofen bei 200 °C 30 Minuten backen.

Zucchini-Kartoffel-Gratin

Für 4 Personen

250 g Joghurt
100 g Parmesan, frisch gerieben
2 Eier
1 Prise Muskat
Pfeffer
Salz
2 EL Olivenöl
400 g gekochte Kartoffeln, 1 cm dicke Scheiben
400 g Zucchini, 1 cm dicke Längsscheiben
400 g Tomaten, abgezogen, Würfel
1 rote Paprikaschote, sehr kleine Würfel
2 Knoblauchzehen, fein gehackt
1/2 TL Oregano
1/2 TL Thymian
1/4 TL Koriander

Verwenden Sie zum Überbacken nur frisch geriebenen Parmesan. Abgepacktem Parmesan wurde zur Haltbarmachung viel Wasser entzogen. Dadurch schmeckt er sehr intensiv und stark säuerlich. Kaufen Sie gleich ein größeres Stück frischen Parmesan und frieren Sie den Käse portionsweise ein.

1. Joghurt, Eier und die Hälfte vom Käse verrühren, mit Muskat, Pfeffer und Salz würzen.

2. Eine große, flache Auflaufform mit 1 Eßlöffel Öl ausstreichen. Zucchini und Kartoffeln dachziegelartig in die Form legen, leicht salzen.

3. Darauf Tomaten- und Paprikawürfel, Knoblauch, Oregano, Thymian und Koriander streuen.

4. Die Joghurt-Käse-Sauce darauf verteilen. Restlichen Käse darüberstreuen, mit dem übrigen Olivenöl beträufeln. Das Gratin im vorgeheizten Ofen bei 200 °C 25 Minuten backen.

Mein Tip: Backen Sie das Gratin zur Abwechslung in flachen Portionsförmchen. Besonders attraktiv: Die Zucchini in runde Scheiben schneiden und mit den Kartoffeln kreisförmig einschichten.

Gemüse-Spießchen mit Erdnußsauce

Für 4 Personen

Auf den Spießchen steckt eine saftige Mischung aus verschiedenen Gemüsen. Die Erdnußsauce schmeckt auch zu Gemüsepäckchen aus dem Backofen oder zu Karotten und Zuckererbsen aus dem Wasserdampf.

Gemüsespießchen:
1 gelbe Paprikaschote,
2 cm breite Streifen
1 rote Paprikaschote,
2 cm breite Streifen
300 g Zucchini,
1,5 cm breite Scheiben
200 g kleine Champignons
2 Tomaten, Schnitze
3 Frühlingszwiebeln,
4 cm lange Stücke
3 EL Öl
1/2 TL Currypulver

Erdnußsauce:
1 EL Zwiebel, fein gehackt
1 Knoblauchzehe, fein gehackt
4 EL Erdnußmus
1 EL Sojasauce
1 EL Zitronensaft
1 TL Honig
1 Prise Chilipulver
abgeriebene Schale einer unbehandelten Zitrone
70 ml kalte Gemüsebrühe

Gemüsespießchen:

1. Paprika, Zucchini, Champignons, Tomaten und Frühlingszwiebeln abwechselnd auf Spießchen stecken.

2. Öl mit Currypulver verrühren. Die Spießchen rundum mit dem Gewürzöl einstreichen, nebeneinander auf ein Backblech legen.

3. Die Spießchen im vorgeheizten Ofen bei 200 °C 15–20 Minuten backen. Nach 10 Minuten einmal umdrehen, eventuell nochmals mit Gewürzöl bestreichen.

4. Die Erdnußsauce zu den Spießchen reichen. Gut paßt dazu körniger Basmatireis.

Erdnußsauce:
Mit dem Handrührgerät alle Zutaten zu einer glatten, cremigen Sauce rühren.

Gefüllte Tomaten

Für 4 Personen

8 mittelgroße, feste Tomaten
200 g tiefgekühlter Blattspinat
3 EL Olivenöl
$^1/_2$ Zwiebel, fein gehackt
2 Knoblauchzehen, fein gehackt
2 EL Petersilie, fein gehackt
100 g Schafskäse, kleine Stücke
100 g gekochter Naturreis
2 EL Pinienkerne
1 Ei
$^1/_4$ TL Minze
$^1/_2$ TL Oregano
Peffer
Salz

Gefülltes Gemüse, ein griechisches Thema mit unendlichen Variationen. Aus Kreta stammt dieses Rezept. Der besondere Pfiff daran: Eine kleine Prise Pfefferminze, frisch oder getrocknet. Die Tomaten schmecken warm und kalt.

1. Am Stielansatz der Tomaten einen Deckel abschneiden. Tomaten mit einem Löffel aushöhlen, einen $^1/_2$ cm dicken Rand stehen lassen.

2. Den aufgetauten Spinat grob hacken. Zwei Eßlöffel Olivenöl in einer Pfanne erhitzen. Zwiebeln und Knoblauch unter Rühren 4 Minuten braten. Spinat und Petersilie hinzufügen, unter Rühren kurz andünsten.

3. In einer Schüssel den Spinat mit Käse, Reis, Pinienkernen und Ei gut vermischen. Die Masse mit Minze, Oregano, Pfeffer und Salz abschmecken, in die Tomaten füllen. Abgeschnittene Deckel auf die Tomaten setzen.

4. Eine flache Auflaufform mit $^1/_2$ Eßlöffel Olivenöl ausstreichen, Tomaten hineinsetzen, mit dem restlichen Öl bestreichen. Tomaten im vorgeheizten Ofen bei 200 °C 20 Minuten backen.

Moussaka

Für 6–8 Personen

Bechamel-Sauce:
50 g Butter
50 g Mehl
750 ml Milch
1 Prise Muskat
Salz
1 Prise Piment

4 EL Olivenöl
1000 g Auberginen,
1 cm dicke Längsscheiben
Salz
400 g Tomaten, dicke Scheiben
3 Frühlingszwiebeln, feine Ringe
1 TL Oregano
Pfeffer
600 g gekochte Kartoffeln,
1 cm dicke Scheiben
100 g Parmesan, gerieben
1 EL Butter

1. Für die Bechamel-Sauce die Butter in einem kleinen Topf schmelzen. Mehl darin unter Rühren erhitzen, bis ein angenehmer Duft aufsteigt. Heiße Milch mit dem Schneebesen einrühren, mit Muskat, Salz und Pfeffer würzen. Sauce 3 Minuten bei schwacher Hitze köcheln.

2. Backblech mit 2 Eßlöffeln Olivenöl bestreichen. Auberginenscheiben nebeneinander darauf legen, leicht salzen, mit 2 Eßlöffeln Öl beträufeln. Im vorgeheizten Ofen bei 200 °C 20 Minuten backen. Nach 10 Minuten einmal umdrehen.

3. Eine große, flache Auflaufform mit Olivenöl ausstreichen. Den Boden mit gebackenen Auberginenscheiben bedecken.

4. Darauf Tomatenscheiben und Frühlingszwiebeln verteilen. Mit Oregano, Salz und Pfeffer würzen. Moussaka mit Kartoffelscheiben abschließen.

5. Die Bechamelsauce darauf verteilen, mit Käse und Butterflöckchen bestreuen. Moussaka im vorgeheizten Ofen bei 200 °C 25 Minuten backen.

Japanischer Topf

Für 4 Personen

4 EL Öl
1 Zwiebel, feine Ringe
200 g Karotten,
1,5 cm dicke Scheiben
200 g Kohlrabi,
1,5 cm dicke Scheiben
200 g Lauch, 1,5 cm dicke Scheiben
200 g Brokkoli, Röschen
200 g Kartoffeln,
1 cm dicke Scheiben
300 ml Gemüsebrühe
1/2 TL Ingwerwurzel, fein gehackt
1 EL Sojasauce
1 EL Sherry (medium)
200 g Tofu, kleine Würfel

In ländlichen Gegenden Japans wurden im Winter einfache Eintopfgerichte in einem großen Topf über dem offenen Feuer zubereitet. Die Zutatenliste ist, je nach Vorratslage, variierbar. Auch weißer Rettich, Blumenkohl, Sellerie und Nudeln eignen sich für diese magenerwärmende Speise.

1. Öl in einem flachen Topf erhitzen. Zwiebeln zuerst bei schwacher Hitze glasig dünsten, dann unter Rühren goldgelb braten.

2. Gemüse hinzufügen, 2 Minuten unter Rühren braten. Mit Gemüsebrühe aufgießen, mit Ingwer, Sojasauce und Sherry würzen.

3. Gemüse zugedeckt 10–15 Minuten köcheln. Die Gemüse sollen weich sein, aber noch Biß haben.

4. Während der letzten 4 Minuten den Tofu hinzufügen.

Mein Tip: Dazu – typisch japanisch – milden Maronenreis: 20 geschälte Eßkastanien mit 200 g Naturreis, 1 TL Honig, 1 TL Sojasauce und 500 ml Wasser zum Kochen bringen und zugedeckt 45 Minuten köcheln.

Grüne Bohnen und Karotten in Mandel-Meerrettich-Sauce

Für 4 Personen

2 EL Öl
1 Zwiebel, fein gehackt
2 Knoblauchzehen, fein gehackt
600 g grüne Bohnen, 3 cm lange Stücke (auch tiefgekühlt)
200 g Karotten, $^{1}/_{2}$ cm dicke Scheiben
Salz
300 ml Gemüsebrühe
100 g Mandeln, grob gehackt
4 EL Sahne
1 Prise Muskat
1 Prise Piment
1–2 EL Meerrettich, frisch gerieben
1 EL Petersilie, fein gehackt

Wenn Sie tiefgekühlte Bohnen verwenden, verkürzt sich die Kochzeit. In diesem Fall müssen die Karotten etwas dünner geschnitten werden, so daß sie gleichzeitig mit den Bohnen gar sind.

1. Öl in einem flachen Topf erhitzen. Zwiebeln und Knoblauch glasig dünsten, dann unter Rühren goldgelb braten. Bohnen und Karotten dazugeben, leicht salzen, unter Rühren kurz anbraten, mit Gemüsebrühe aufgießen. Das Gemüse zugedeckt 8 Minuten köcheln.

2. Gemüse in ein Sieb geben, Kochflüssigkeit auffangen. Kochflüssigkeit mit Mandeln, Sahne, Muskat und Piment im Mixer fein pürieren.

3. Mandelsauce zum Kochen bringen. Gemüse dazugeben. Noch 5 Minuten zugedeckt bei schwacher Hitze köcheln, ab und zu umrühren.

4. Vom Herd nehmen, Meerrettich unterrühren. Die Sauce mit Salz abschmecken, Gemüse mit Petersilie garniert servieren.

Paprika-Kürbis-Curry

Für 4 Personen

3 EL Öl
1 große Zwiebel, feine Ringe
4 Knoblauchzehen, fein gehackt
1 TL Ingwerwurzel, fein gehackt
2 TL Currypulver
2 rote Paprikaschoten, 1 cm breite Streifen
1 gelbe Paprikaschote, 1 cm breite Streifen
300 g Kürbis, 2 cm große Würfel
300 g geschälte Tomaten aus der Dose, Stücke
200 ml Gemüsebrühe
1 EL Zitronensaft
2 EL Korianderblätter oder Petersilie, fein gehackt

Zum feurigen Curry gibt es Raita, eine schnell angerührte, erfrischende Joghurtsauce, und Reis.

1. Öl in einem flachen Topf erhitzen, Zwiebeln und Knoblauch unter Rühren goldgelb braten. Ingwer und Currypulver dazugeben, kurz unter Rühren mitrösten.

2. Paprika unterrühren, leicht salzen, alles unter Rühren 2 Minuten braten. Kürbis, Tomaten und Gemüsebrühe zugeben, alle Zutaten gut vermischen. Das Gemüse zugedeckt ca. 20 Minuten köcheln, ab und zu vorsichtig umrühren.

3. Gemüse vom Herd nehmen, Zitronensaft und Kräuter untermischen.

Apfel-Sellerie-Raita

Für 4 Personen

200 Joghurt
1 kleiner, saftiger, säuerlicher Apfel, sehr kleine Stücke
1/2 Stiel Stangensellerie, sehr kleine Würfel

Joghurt glattrühren, mit Apfel und Sellerie vermischen.

Urlaubsgemüse

Für 4 Personen

4 EL Olivenöl
2 Zwiebeln, fein gehackt
6 Knoblauchzehen, feingehackt
200 g junge, grüne Bohnen, halbiert
200 g Auberginen, kleine Würfel
Salz
300 ml Gemüsebrühe
1 Lorbeerblatt
1/2 TL Thymian
1/2 TL Oregano
Pfeffer
Piment
500 g Tomaten, abgezogen, Würfel
200 g weiße Bohnen aus der Dose, abgetropft
200 g Zucchini, 1,5 cm dicke Stücke
1 EL Petersilie, fein gehackt
1 EL Dill, fein gehackt

Zucchini, Auberginen, grüne und weiße Bohnen in gut gewürzter Tomatensauce. Dazu Tsatsiki, Oliven, Fladenbrot und ein leicht geharzter Retsina; da werden Erinnerungen an griechische Inseltage wach.

1. In einem flachen Topf Olivenöl erhitzen. Zwiebeln und Knoblauch darin unter Rühren anbraten.

2. Grüne Bohnen und Auberginen hinzufügen, leicht salzen, kurz unter Rühren anbraten. Mit Gemüsebrühe aufgießen, mit Lorbeerblatt, Thymian, Oregano, Pfeffer und Piment würzen. Das Gemüse zugedeckt in ca. 10 Minuten garen (es soll noch Biß haben).

3. Tomaten unterrühren, bei geöffnetem Topf 5 Minuten köcheln. Weiße Bohnen und Zucchini untermischen, weitere 5 Minuten köcheln. Das Gemüse soll von einer sämigen Sauce umgeben sein. Mit Petersilie und Dill garnieren.

Mein Tip: Dazu Knoblauchbaguette: Butter mit Knoblauch, frischen Kräutern und abgeriebener Zitronenschale glattrühren, mit Salz und Pfeffer abschmecken. Baguette in 1,5 cm Abständen einschneiden. Brot mit Knoblauchbutter bestreichen, im Ofen 5 Minuten backen.

Erbsen und Kartoffeln in Kokos-Curry-Creme

Für 4 Personen

2 EL Öl
1 Zwiebel, feine Ringe
3 Knoblauchzehen, fein gehackt
1 TL Ingwerwurzel, fein gehackt
1-2 grüne Chilischoten, fein gehackt
$^{3}/_{4}$ TL Kreuzkümmel (Cumin)
$^{3}/_{4}$ TL Koriander
$^{1}/_{4}$ TL Zimt
1 Prise Kardamom
1 Nelke
400 g Kartoffeln, Würfel
Salz
300 ml Kokosmilch (S. 13)
1 TL Instant-Gemüsebrühe
abgeriebene Schale von
$^{1}/_{2}$ unbehandelter Zitrone
3 EL Crème fraîche
450 tiefgekühlte, junge Erbsen
$^{1}/_{2}$-1 EL Zitronensaft
1 EL Korianderblätter oder Petersilie, fein gehackt

Kartoffeln nehmen das Aroma der Curry-Gewürze besonders gut auf und sind darum beliebter Bestandteil von indischen Gemüsegerichten. Statt der einzelnen Gewürze können Sie auch zwei Teelöffel fertige Currymischung verwenden. Dann aber die Chilischote weglassen.

1. Öl in einem flachen Topf erhitzen. Zwiebeln darin zuerst bei schwacher Hitze anbraten, dann unter Rühren goldgelb werden lassen. Knoblauch, Ingwer und Chili dazugeben, unter Rühren mitbraten. Kreuzkümmel, Koriander, Zimt, Kardamom und Nelke hinzufügen, unter Rühren mitrösten.

2. Kartoffeln untermischen, leicht salzen, kurz unter Rühren anbraten. Mit Kokosmilch aufgießen, mit Instant-Gemüsebrühe und Zitronenschale würzen, zugedeckt in ca. 12 Minuten fast garen.

3. Crème fraîche mit etwas Brühe glattrühren, mit den Erbsen unter die Kartoffeln mischen. Das Curry im offenen Topf 4 Minuten köcheln.

4. Curry vom Feuer nehmen, mit Zitronensaft würzen, mit Koriandergrün garniert servieren.

Wintergemüse mit Nußbutter

Für 4 Personen

Nußbutter:
30 g geriebene Haselnüsse
40 g Butter
Salz
Pfeffer

Wintergemüse:
2 EL ÖL
1 Zwiebel, feine Ringe
1/2 TL brauner Zucker
200 g Karotten,
1,5 cm dicke Scheiben
200 g Sellerie, 1,5 cm große Würfel
Salz
200 g Lauch, längs halbiert,
2 cm breite Streifen
1 kleiner Wirsing (400 g),
in Achtel geschnitten
300 ml Gemüsebrühe
Muskat
Piment
abgeriebene Schale einer
unbehandelten Zitrone
1 TL Zitronensaft

Nußbutter:
Haselnüsse in einer trockenen Pfanne kurz unter Rühren anrösten. Mit der Butter vermischen. Die Nußbutter mit Salz und Pfeffer abschmecken. Kaltstellen.

Wintergemüse:

1. Öl in einem flachen Topf mit dickem Boden erhitzen. Zwiebeln darin bei schwacher Hitze glasig werden lassen, dann unter Rühren goldgelb braten. Zucker dazugeben, unter Rühren kurz karamelisieren lassen.

2. Karotten und Sellerie untermischen, leicht salzen, unter Rühren anbraten. Lauch und Wirsing dazugeben, mit Gemüsebrühe aufgießen, mit Muskat, Piment und Zitronenschale würzen, zugedeckt ca. 12 Minuten köcheln. Die Gemüse sollen weich sein, aber noch Biß haben.

3. Die kalte Nußbutter in Stücke schneiden. Vom Gemüse einen Schöpfer Brühe abnehmen, mit der Nußbutter verrühren. Die so entstandene Sauce unter das Gemüse mischen. Das Wintergemüse mit Zitronensaft und Salz abschmecken.

Karottencurry mit Bananensauce

Für 4 Personen

1 EL Butter
1 EL Öl
1 TL Currypulver
700 g Karotten,
3 mm dünne Scheiben
Salz
150 ml Gemüsebrühe
abgeriebene Schale einer
unbehandelten Zitrone
1 Banane, Stücke
1 EL frisch gepreßter Orangensaftt

Überraschen Sie Ihre Gäste mit einer indischen Reistafel. Currys lassen sich gut vorbereiten und vertragen es, wenn sie einmal aufgewärmt werden.
Sie bieten an: Erbsen und Kartoffeln in Kokos-Curry-Creme (S. 88), Karottencurry mit Bananensauce, Paprika-Kürbis-Curry und Apfel-Sellerie-Raita (S. 85). Dazu reichen Sie Reis und zum Nachtisch Feigen, Ananas, Pfirsche und Nüsse.

1. Butter und Öl in einem Topf mit dickem Boden erhitzen. Currypulver darin kurz unter Rühren anrösten. Karotten hinzufügen, leicht salzen, zugedeckt 3 Minuten bei schwacher Hitze garen.

2. Mit dem Mixstab Gemüsebrühe, Zitronenschale und Bananenstückchen fein pürieren.

3. Die Sauce an die Karotten gießen, zugedeckt 4 Minuten köcheln.

4. Karotten vom Herd nehmen, mit Orangensaft abschmecken.

Türkischer Bohnentopf

Für 4 Personen

2 EL Olivenöl
1 große Zwiebel, feine Ringe
4 Knoblauchzehen, feine Scheiben
200 g Kartoffeln, Schnitze
Salz
1/2 TL Kreuzkümmel (Cumin)
1/2 TL Koriander
1 gute Prise Piment
1/2 TL Oregano
300 g junge Bohnen, längs halbiert,
4 cm lange Stücke
1 gelbe Paprikaschote,
1 cm breite Streifen
200 ml Gemüsebrühe
400 g Tomaten, abgezogen, Schnitze
Pfeffer
1 Bund Basilikum, fein gehackt

Die Zubereitung ist einfach, Sie müssen sich aber Zeit lassen. Die Kartoffeln werden ohne Zugabe von Flüssigkeit geschmort, so daß sie eine leichte Kruste bilden. Für die Sauce müssen Sie Geduld aufbringen. Dann wird sie so sämig und würzig, wie sie für ein köstliches orientalisches Gemüsegericht sein muß.

1. Olivenöl in einem flachen Topf mit dickem Boden erhitzen. Zwiebeln darin bei schwacher Hitze zuerst 15 Minuten glasig werden lassen, dann unter Rühren goldgelb braten.

2. Knoblauch und Kartoffeln dazugeben, leicht salzen, unter Rühren kurz anbraten. Zugedeckt 8 Minuten bei schwacher Hitze dünsten, ab und zu umrühren.

3. Kreuzkümmel, Koriander, Piment, Oregano, Bohnen und Paprika dazugeben, die Gemüse kurz unter Rühren anbraten. Mit Gemüsebrühe aufgießen, zugedeckt ca. 12 Minuten bei schwacher Hitze dünsten, bis die Bohnen weich sind.

4. Tomaten untermischen, das Gemüse noch ca. 5 Minuten im offenen Topf köcheln; es soll eine sämige Sauce entstehen.

5. Gemüse mit Pfeffer abschmecken, vom Herd nehmen, mit Basilikum vermischen. Dazu Tsatsiki und Reis reichen.